Dan Pönicke

Jekaterina

-

Gedichte

*Bibliografische Information der Deutschen National-
bibliothek:
Die Deutsche Nationalbibliothek verzeichnet diese
Publikation in der Deutschen Nationalbibliographie;
detaillierte bibliografische Daten sind im Internet
über http://dnb.dnb.de abrufbar.*

© 2017 Dan Pönicke

Herstellung und Verlag: BoD – Books on Demand,
Norderstedt

ISBN: 978-3-7431-3424-9

In Liebe an:

Luke Ernesto

&

Frau G.

Mit besonderen Dank:

Mariusz
Mohamed & Steffanie

für eure aufbauenden Worte

*Wie alles neu sich
Entwickelnde, ist auch
die Liebesfähigkeit
in ihren Anfängen
besonders verletzlich
und störbar*

-Fritz Riemann-

*Die sinnlichsten Männer
sind es, welche vor den
Frauen fliehn und den Leib
martern müssen*

-Friedrich Nietzsche-

I

'n Gedicht sollt ich Ihr schreiben
Hat er gesagt.
Aber was sollt ich Ihr schreiben
Hab ich gefragt.
Ne Einladung eben, oder so
Hat er gesagt
Ja aber wie und was, und wie
Hab ich gedacht
Vom funkelnden Auge vielleicht
Wenn Ihr Name schnellt
Gibt er zu verstehen
Der Tags unerlässlichen Suche &
Korrespondenz gezählt
Sehr professionell, toll
Vom Zwischenruf eventuell, *hey
Hör ma' hast 'e Bock …*
Enorm großes Kino
Ach, ätzendes somatoform und
Ein Hemd sollt ich mir borgen
Hat er gemeint
Mh, okay?

II

Ein Bild von *Ihr*.
Aufschnappend geschossen
Lichtreflektionen, die
Mit Farben Aquarellen
Dienen, über Regenbögen
flanieren, die Spiele
Auf Spiegelachsen
Ins hintere Eck des
Glaskörpers schmeißend,
einer Iris wogend
wie laute Lyrik gezogen
eingeflochtene Makula
vorüber blinder Flecken
den Nervus Optica
Ausgereizt und mit
Liebe empfinden . . .
Ein Bild von *Ihr*.

III

Als dann vorgespannt
den Triebwagen meiner Liebe!
Klopfend mein Herz
Zerschlägt mich die Zeit
Überfällt mich der Wahn
Zermürbt mir das Haupt auf Pfaden
Wie eine Ewigkeit
kaum mehr schmeichelt
Flüstert umrankend Deine Stimme
Verfolgt mich im Träumen schon
Farbenbleich zergeht das Grau
Erlebe eine totgesagte Hingabe.

IV

Hey psst … haste was, ich brauch was
Ich bin voll Ende, ich, nur ein bisschen
Komm schon, ich mach auch alles
Verstehst, ich kratze sonst ab Mensch

Guck mich an, ich bin voll fertig, das
Kann doch nicht, lass mich hier nicht
Stehen, ich scheiße durch, sterbe man
Komm schon ich brauch's, nur ein

Bisschen von dem geilen Zeugs, von
Dem Stoff das Herzen lächeln lässt
Und Töne schlägt, die sinuskurvigen
Aus Zauber unter dieser Nacht, nur

'n Phonem auf Kombi? Deine Stimme.

V

Aufgebläht leckt der Kummer
Mit Zungen über Glasränder
Rote Weinsonnen, spucken
Luft in den Tenor der Seiten
Neckend ein Bolschewiki
Hochgeknöpfter Mantelkult
Aufklärung sei gescheitert?!
Wie die Fotzen an der Eman-
Partizpation, in Anlehnung
Des G – Punktes, Tochter
Ensslins Galgenstrickhumor
Ist der Terror zu Nichte
Stirbt Aufklärung dialektisch
Mit Hegelscher Partition
Rettet der Autor sich selbst
Zur Recht wie ein Rohrspatz
Ein Rohrschachtest zerlegt
In einzelne Symmetrien, die
Mir, der lausige wie dritt-
Klassige Dachbodenliterat
Geradezu sterbender
Worte, ihrer Sprache
Greift – Faschismus ist und
Bleibt ohne auch nur
Dem Gebet, das sich betet
Um Aufklärung ringend
Ein Anlage-Umwelt Kontext

VI

Illustrierend fährt die Wange vor Beton
Die rauen Störenfriede handzahm, was
Zwischen Blut und gelösten Zähnen auf
Grauer Asche liegt, geritztes Trauerspiel

Trocknen Hände über das Schreibende
Flechten Schuppen von den Augen viel
Leugnen ein Stück Wahrheit, greifend
In den Himmel wo sich Sterne sammeln

Was uns während wiegt, traumlastend
Erdrückend und kaum noch Rede wert
Fallen Instabilitäten, scheitern am Mut
Versiegen in Sturzbächen, anders Welt

VII

es hängt ein schuppenharnisch über beine
glühen gestochene wunden rot heraus
zwischen grünen wiesen und blätterhainen
fällen sprachen ihre mäntel ins ungewiss

ach herrgott im himmel deine schmach, deine
liebesnarretei in hohlen liedern und früchten
am baum sich rekelnd in die erde graben, nach
dem fall, dem sich sehnen, dem sich
ablehnen

der keuschheit wegen, der enthaltsamkeit
poetisch im kopf gestochen, sanft und kalt
ziehen uns zurück in die muscheln, wie krebse
aus dessen tiefen farblos wir einst gekrochen

VIII

Über den Eskapismus hinausragend
Ein paar Takte mit Gezeter trunken
Ineinanderschlingend, aufbrausend
Aus dem Schlage eines Myrmidonen

Lüfte schneidet, Herzen sticht, und
Vom Pfahl der gehörnten Kriege
Bricht, in die Landen zieht, die Tiefen
Wie oberen Schichten blutig schnitzt

Damit die Blinden sehend werden
Und die Toten wieder fühlend sind
Arkade Lichtschmieden hämmernd
Den Zauber der Dörfer am Düssel

IX

vom werden sprechen die doktoren
vom sein sprachen die analytiker
unausgefochten steige ich vom stuhl

nehme mir die schlinge vom hals
als sie mir aus dem mund sprechen
vielmehr schreiben von der kunde

psychologischen charakters und
panzer – bewegliche panzer – das
habitat für verwundete, frauen

kinder zwischen meinen händen
haltlos, aber immerhin häng ich nicht
länger in den tag hinein, so sinnlos

X

Schön ist's im Dezember
Als da kein Blatt mehr steht
Und Nebel in die Täler quält
Den Bergen Unendlichkeit
Beschert, wo alles in sich friert

Und bricht herab aus rotem
Äther, mir die Dämmerung
Mit blauem Nachtrock Pastell
Gehörnt und ein kalter Mond
Sein hageres Licht umspült

In den Wipfeln kahler Bäume
Bricht, die schaurig wiegen
In stiller Scham keines Wortes
Spricht, schlägt wildem Herz
Schlägt und pocht und schweigt

Lauscht ins Bitterkalt hinein
Was raschelt alsbald dahinter
Was furcht durch Erde, was
Knirscht mit hohler Kunde mir
Was heult in fernen Stunden?

Weg nur weg, mich ängstigt es
Wie ein kleines Kind die Nacht
Derweilen ist's mein Spiegel nur
Mein Ebenbild das mir die
Furcht in Höhen trieb, erstarrt

Schön ist's im Dezember
Als da kein Blatt mehr steht
Und Nebel in die Täler quält
Den Bergen Unendlichkeit
Beschert, wo alles in sich friert

XI

wir werden uns wahrscheinlich unter irgendeinem
vorwand schatten stehen. dem sommer gegenüber
sitzend, worte in sprechblasen pferchen, hin und her
schieben und mit kleinigkeiten anfeuchten. tee, kaffee, bier?

und die einzige frage, die mich treibt: wo soll ich
hingucken? bei so viel schönheit bleiben keine blicke
haften, als vielmehr diese abperlen und zu boden
plätschern. querschläger augenlicht. pendelndes ich.
mein gott, wie kann frau nur so hübsch werden . . . ?

und ich napf gegenüber, der glöckner von notre-dame
n' wanst vom saufen, ärmchen vom schreiben und
ein zerrüttetes innenleben. aufbau- statt endgegner.
ich will nicht. will nicht an dieser schönheit zerschellen.
nicht im grunde sein, zur amnesie mit allem schreiten
und fühle genau davor unbehagen. dieser schönheit
pur. jekaterina.

XII

Nach dem Öffnen
Trank ich Ihr Scharlachrot
Duftblumige Worte
Küssten tief und lieben mich hinfort
Eine giftige Liebe
Giftige Liebe in mir

Bleib Du hier liegen, Verwundet am Gift
Am Flakon der süßesten Düfte und
Hoffnungsvollsten Schimmer, wenn
Du unter Ihr Antlitz kriechst, bin ich fort
Und kann nicht in deiner Wunde liegen
Das Gift mit Dir teilen, mein Freund, bleib
Liegen in den quälenden Stunden und
Gib mich frei in die Zeit, das ist alles.

Ein letztes Liegen
Unter blutigen Fittichs
An den Ufern säumenden
Vom Schilf umrandet
Und vergiss mich
Wie wir den Rest vergessen

XIII

Auf die Nummern sind wir aufgesprungen
Im Kreise lungernd, zusammenhalten
Dicht an dicht gedrängt und färben den
Grund mit bodenständigen Symbolen

Ich mag den Sog Bächlers, der mir das
Herz entknotet und den Kopf entsteint
Gedichte, so sagt er, *Gedichte seien der
Einzige Weg zu Augenblicken des Glücks*

Ob die Numerologie uns erhalten bleibt?
Als die Großen uns den Rücken kehrten
Trakl, Benn, so auch Bächler; aber Ihre
Gedichte sind geblieben. Welch' Glück

XIV

Das wird nichts, in der Revue
Die just gerade Türen knallt.
Sieben Tage steht der schwarze
Regenschirm in der Dusche rum,

Nicht einmal aufgespannt, wo
Noch einerlei, die Lust zur Lyrik
Mutig knabbert, samt Seifen-
Lauge aus den Ohren läuft und

Ein bitteres Geheimnis trägt.
Die Rufe des Bettes und noch
Zwanzig Jahre vor der Brust.
Von der inneren Uhr keinen

Ton. Hier rauscht nur Hoffnung.
Hoffentlich rauscht da nichts
Beim Abklopfen und die Kritik
Lässt mir noch wenigsten

Die Zwanzig Jahre. Noch zwanzig
Jahre Lyrik; wenn ich es bis
Dahin nicht verstanden habe
Dass Gott ein genauso selbst-

Gefälliges Arschloch ist wie ich,
Will ich unter seine Fittiche
Kriechen und Erde schlürfen ...
Die Texte brachen plötzlich ab

Mitten im Satz, ich mochte
Nichts Neues in die Maschine
Spannen: Depressionen. Wo
Ist zuhause. Im Kommenden.

XV

Wie das Sonnenauge Ihr Haar
Trifft, wie Sie Schatten wirft auf
Heller Wand, wie Ihr Antlitz

Dahintropft, wir Ihr Lachen
Glänzt, wie Sie Kind ist –
Zwischen Blaublumen

Rosa Blüten weint, wie Sie
Herzgeschmückt hüpft, wie
Sie goldener Kreise springt

Wie Sie unter Sternen küsst
Und unter Mondlicht singt
Und tanzt, wie Ihre Stimme

Mich verliebte, stünde ich
Mir nicht selbst im Wege, im
schönem Antlitz dieser Welt

XVI

Ich bin das Wasser in der Wunde
Bin der Schmerz im Gesicht und
Laufe mit dem Kopf gegen Wände
Aus meinem Mund tropft Wut
Kleckert so manch' auf die Füße

Ich bin der Sand vor dem Altar
Der falsche Prophet zur Stunde
Rühre große Worte, Blechredend
Im fahlen Sog der Literaten
Die Trompete schwarzer Töne

Ich bin der Alleszerschwätzer
Bin die Kontur am Firmament
Weiß blitzend, Donner umrandet
Ein Spötter, ein Tunichtgut, am
Ende der Lügengebete verstreut

XVII

Schrift weckt Schreiben
Schreiben weckt Lesen
Die Zeit zersprengt Einsamkeit
Der Raum ertrinkt in mir
Die Seele tanzt
Der Körper schläft
Und schreibt und schreibt
Lebt davon
Im Raum
Mit mir.

Meine Sinne suchen Dich
Meine Suchen besinnt
Nach Dir
Du Schreibendes, schreibendes
Ertrinken
Mit mir.

Schrift ist Schreiben
Schreiben bin Ich
Im Betrunkenen Raum
Seelenwalzer
Mit Dir.

Dort strudeln wir
Dort trudeln wir
Hach, gib mir Deine Hand
Bevor Zeit vergeht
Einsamkeit schlürft
Unbekanntes
Anerkannt
Von Dir.

XVIII

Überzug der Geschichte
Das poetische Geschlecht
Verwurzelter Realitäten
Mob wütender Esoteriker

Die Frontlinien verzogen
Leistungsträger im Bett
Laute Lyrik an der Wand
Mir ist sterbensschlecht

Im Schlund der Wölfe und
Teufel verdauend, bis die
Morgenstunden zehren
Über den Sunrise hinaus

XIX

Die Abstinenz meines Vaters
Ein weiteres Festjahr, im Kreis
Der Rhetorikmeister, zu dieser
Zeit ein kleiner Rückblick

Neben deftigem Essen stand
Alkohol, die Erfüllung des
Letzten Willens, Erblasten und
Leichenschmaus volltrunken

Die Trinkfesten großherzoglich
Im Rundfunkgerätewerk
Relegationen auf Papier geworfen
„Coming Home" dudelt die Last

Mit schweren Winteratem
Ferner Gemütszustand und
Heimweh zum Nachmittagstanz
Eines kleinen Freundeskreises

„Feeling like going home"
Auf den Schultern die
Geborgenheit, bitterer Anlass
Die Quartiere abzubrechen

XX

In peitschenden Wogen, im Fieber dahin
Schlafliegend inmitten Schatten ziehen
Von Dannen her du Nachtglanz Schimmer sind
Ein Lied in finstre Sehnsucht fliehend

Über das Haupt mir die Wellen gehen
Ausmitten Herzen mir Fluten stoßen
Beseelt von Zeit und stirbt dahin in Wehen
Süße Blicke streuen im Silber bloßen

Von Hoffnungen zertrümmert, bin ich müd
Mit mondschwangerer Finsternis vereint
Wo nichts mehr mir ist, wo nichts mehr mir blüht
Die weitgereiste Seele mich verneint

Sterbe hin, sterbe mehr, du schönes Kind
Und wisse wer dich dort liebt, dein Leiden
Ferner dem Firmament, das Liegen sinnt
Naht heran, hoffnungslose Gezeiten

XXI

Geschwind, Geschwind, hol Hammer, Meißel, Bohrmaschine
Und setzt an zur rechten Schläfe, hau zu und bange nicht
Schlag mir die Schädelspalten ein, schlag mir das Augenlicht
Damit's nicht mehr sehen muss, das fremdferne Gesicht

Setzt den Meißel mir am linken Ohre an und jagt ins Gehirn
Ihn mir, so kräftig als nur Arme sind, fahrt fort mit mir
Ohne Verlust, auf dass ich nicht mehr denkend bin und kein
Gedanken noch verenden muss, auf halbem Wege hin

Und dann setzt an die Bohrmaschine, rammt mir den Bohrer
In den tiefen Bauch und wiederholt die Prozedur, ein ums
Andere Mal, bis das die Eingeweide durchlocht quellend sind
Alsbald Schmetterlinge von dannen fliegen und lassen mich liegen

XXII

In dem der das Eiland Leben nennt
In turmhoher Eleganz , Scharfsinn
Durchdenkend, Lichterheilig sind
Wiegt Schatten schwer mein Kind

Droben zögen, in alle Winde warf
Wie Liebeslieder peitschend dahin
Im Wandel sich die Welt bewegt
Im Schatten sich das Kind gelegt

So geht der Atem, so das Weinen
Taucht in spitzgezackte Wälder ein
Durchkreuzt die Täler, über Seen
Kehr aus mein Kind, kehr heim Poem

XXIII

Mit dem ersten aller Spiele
geht der letzte Wunsch
bricht an seine Grenzen
und fällt der Erdenscheibe
hintenüber, so seht
die Schwäne, seht die
Nachtigallen, seht die
Leichtigkeit der tanzenden
Füße, lichtgefiedert wie die
Unschuld eines Kindes,
seht uns an, die wir zu Boden
starren, einer Scham auferlegt,
wo die Frohbegeisterung
den Dornenreichen weicht,
mit dem ersten aller Spiele;
Farbentanz und Lichterfreuden,
noch Narben ungeschlagen,
die alsbald die tiefe Gräben
unter Haut auf Seelen tragen,
o du erstes aller Spiele
komm zurück du Wirbelwind
der Freundlichkeiten
komm zurück nimm Herr von uns
und lass uns besinnen
mit dem ersten aller Spiele,
wie wir sie führten damals als Kind,
um uns selbst Vertrauend.

XXIV

In der Gefühlsaufwallung
Zum Teil schon klapprig
Vertrauter Straßen, etwas
Beruhigenden Einflusses
Klarer Gedanken im Kreis

Zur Dämmerung des Abend
Schweigen die Moosseen
Zur linken und Goldfäden
Zur rechten über dessen
Die windige Hand streicht

Eine Kussspur zieht letzte
Bahnen über die Wange
Im gleichmäßigen Atem
Verfällt der Traumtraum
Inmitten des Nachtgefildes

XXV

im simsalabim träufeln wünsche dahin
unter den genagelten tränen harter
zeiten, im rufen der asphaltledigen
straßen, die unter matsch aufkeimen

ein netz aus grau klapprigen gefilden
dort wo die unken ihren frieden find
der fuchs vor schläue blass erneid
zu tausendfach das reh geschwind

im kofferraum ein zähes ende find
manch hund schön bös zu schaden
und katzen unter autos kleben, im
simsalabim träufeln wünsche dahin

leicht gesalzen unter winterleiden
wisch ich mir die tränen runter, unter
anderem gestirn, kummernummer
und dickköpfige sterblichkeit . . .

XXVI

Nach dem Gewölk
Ziehen Vogelschwingen
Weiß blaue Spuren

Blicke fädeln hintan
Über gesperrte Münder
Roter Fäulnisstrick

Gefrorener Odem
Wirbel am Fuß des Sees
Du goldener Staub

XXVII

Aus dem Schoß sind euch die Kinder
Wie mir die Worte aus dem Munde
Gähnendes ergossen, gelangweilt gar
Saat düstere Wunden ausgedünnt

Ihr Huren, Ihr Freier, Ihr die Ihr wisst
Wie Lebenslinien abgespulte Träume
Im dyadischen Rausch finstere Tage
Um den Hals geschwungen knoten

Hinsinkend rabenschwarzer Trost
Kelchen tropfende Strukturen am
Hahn entlang gespannt, Sicherheit
Färbt Tapeten mit Sprühregen ein

Worte übereinander Stapel bilden
Der Kindstod zum Alltag schweigt
Gestehen Leichenberge ihre Schuld
Wortkarger kehrt ein Frühling aus

XXVIII

Als wenn wir es hätten
Raum, Zeit, Kontinuen
In Händen, du rissiger
Baldur

Nur nächtlicher Nacht
Nur nächtlicher Mache
Sandmahlwerke der
Fingerwunden, blutig
Schuppt Flechtenwerk
Reißen Hautstück nieder
Löst Fleisch darunter
Zerwühlt Gebeine
Ach so fürchterliches
Weh, Du Glühleiden
In sanfte Frömmigkeit
Vermacht
Von Nacht zur Welt
In Händen, du rissiger
Baldur

Ergriffenheit verlogen
Lang säumige Nacht
Lang säumige Nächte
Mondschwarze Mär
Expressionistischem
Liebesverstehen, eine
Hymne lediger Engel
Posaunend verbannt

Vom Firmament herab
Samtigen Sternentaler
Fallend
Von Nacht zur Welt
In Hände, du rissiger
Baldur

Als gleich wir es binden
Raum, Zeit, Kontinuen

XXIX

Aus den Stürmen hüpfend
Dumpfgeneigtes Himmelsgrau
Unter Augenlider schlüpfend
Du ruhige See wagst aufgeraut

Wirfst uns Wellen sondergleich
Schweigst zur zartumspielten
Beständigkeit, du Liebesteich
In dem wir lange Hände hielten

Zerreißen uns in alle Himmel
Zerplätschern, zerschellen

XXX

Daheim noch, liegt Ihr Name
Aber kenne keinen Ihrer Wege

Kleben zwischen Gedichten
Wenn ich mich abends selber lese

Dann lodern Klänge widerhallend
Und fallen in seichtem Atem, Herr
Vom Mond bespuckte Töne

Vergessen sind mir Tage leer
Stimmt kein Singen mit mir ein

Als ob etwas gestorben wär
Zerbrochen an der rohen Welt

XXXI

Seit Du Luft bist
Riechen die Tage süßer

Tröpfeln in Anmut
Rinnsale dahin

Überall fließt Duft
Durch Gewölbe meiner Brust

Verflogene Furcht
In aller Regung Winde

Seit Du Luft bist
Bin ich näher bei Dir

Jeder Atemzug ist
Ein Teil Deiner in mir

Das angestrengt Sein
Wird zur schönsten Zeit

Wie ein Flimmern
In Nachmittagssonnen

Du kühlste aller Brisen
Wartest am Ende des Tages

Seit Du Luft bist
Riechen die Tage süßer

XXXII

Im Grade der Verwirrtheit
Staunen Gläubiger gen Osten
Aus dem der Ihnen Zeit
In Gläser ausschenkt und ext

Wo nur soll mein Schatten
Dich noch finden, unter
Den tausend Sonnen
Wenn kein Ton den Wind bläst

Als gleich seliges Lodern
Über den Köpfen hinfort
Lichtscheuer Krimskrams
Du aufgelesener Zeilenstein

Der in tiefen Taschen reimt
Ins Schwarze wandernd pfeift
Von holdem Sprachgewandt
Hinüber alte Lieder steigt

XXXIII

Mit rhetorischen Fäusten
In den Hosentaschen
Durch Gebendes schlendernd

Altruhige Gemütlichkeit
Tropfen Sonnenfassaden
In ein graues Kleid

Ein hartes Schreiten
Eingefasste Wege zwischen
Sandstrand und Maulkörben

XXXIV

Als gleich wir
aus dem Bette krochen
Wie aus einem
Mutterschlund hervor

Nichts ahnend
vom dem was draußen
Übel am Duft,
Sandverschmiertes höhlen

Entknittern
Geschichten im Gesicht
Ziehen Falten
stramm, werfen Knoten

Hintendran und
spannen ein Lächeln
Davor, als gleich
wir ins Bette kriechen

XXXV

Mit tausend Worten schreibt sich ein Gedicht
Wie der Augenblick in deinem Gesicht
Untergerührt, einen Tränen-Fleisch-Gemisch

Der Atem zerquetschter Frühlingsknospen
Mit Lyrik von Welt, oder Hinterhofgerüsten
Übergeworfene Sprachfetzen, ein paar milchigen
Brüste

Einsame Wesen vor kahler Wand und
Einem Schlag Beton, fahlem Herbstlaub
Über nackte Füße wehen, als dort Poeme

Wie anderswo steril gehandhabt über die Groß
Und Kleinschreibung erhaben, ein Segen
Sterblichkeit im Hinterhof verschenkt – Staubkuss

XXXVI

und dort die berühmten figuren
die die tragischen helden spielen
in ihrer rolle deflorieren, linien
überschreitend dionysisches

in kleinen literarischen fetzen
offengelegt, für jene anfassbar
mit dem auge drüber streichelnd
mit verstand vermessend

eine von freude zerissene form
zertrümmter hoffnung und welt
eine wiedergeburt absterbend
in den mythen erster schnee

XXXVII

das andersdenken im vorhof
kriselt der flimmerkasten
herzbeschlagen durchleuchtet

mein schatten einsam
gegen die wand und stirbt
am ende einer weißen fläche

XXXVIII

Im Bann der Liebe
Die Tintenflaschen
Löschpapier Grimm
Temperamentvoll

Mehr als Souvenir
Die Ecken Einzelner
Kränze schäumend
Du unreiner Hauch

Lavendelheischend
Fühlende Gesetze
Taktvoller Apparat
Im Bann der Liebe

XXXIX

Und eines Tages
Der liebe Gott
Männermordend
Die Opposition

Die Damenspende
Schriller Schrei
Hinaufentwickelt
Sitzung des Vereins

In Klammern mich
Mittelsmann und
Mittellose Wörter
Fabrikant, am Ende

XL

mit gedichten gewinnt sich keiner
mit weilen im wind geschrieben

in zeilen schnell verfasst, ruhige
hände streichen eins ums andere

aber meine hände finden kein
papier, unter dessen blaue tinte

fließt, finden keine stelle hinter
punkten, ein atemlos zur frage

strebt, eine zünglein an deinem
ohr, mit gedichten bin ich verlor

XLI

Auf Nebelwolken
Hämmern stechen
Brust zerschlagen

Wo dort die Köpfe
Rollend sind, die
Lungenpfahle

In Erde rammt
Gottgehörnte
Letzen Kriege

Sterben ist nicht
Sterben gleich
Nicht Sterben

Will vom Fleisch
Getrennt, das
Stahl färbend

Durch die sanfte
Haut am Ende
Treibender Daimon

XLII

Die Wurst war ich
Das Blut war ich
Der Mittelpunkt auch

Das Ende der Nadel
Ebenso und Wundspray
Schweißgebadet

Das Vater unser
Hoch und runter
Dann der Revolver

Ende im Gelände
Schicht im Schacht
Knick knack – raus!

Überall Blut und
Fleisch im Gesicht
Verteilt, zum abwischen

Ein Schlachtfest
Im Fresszimmer
Das just möbliert wird

XLIII

aus der erfüllung, liebes
wollt ich zeiten schlürfen

wollt den purpur nektar
wollt mich berauschen

wollt bunter falter glänzen
über auen über wiesen täler

knospen wollt in dir ertrinken
du frühlingsweite maid aus

rosen rote gelbe weiße
derweilen zerstochen

geritzt umgarnte dornen
indess' lippen leiser lenz

wie ein tropfenrieseln blut
aufgeschäumte wogen wind

als es feucht in erinnerung
verweht als sei es erfüllt

XLIV

Die reinen Himmel hängen
Vom Gewölk in meinem Mund
Mit Atmen werd ich träumen
Heimgesucht in weitem Land

Kein Schmerz möcht erschaudern
Als vom Tode mich umgarnend
Sei es von allen mich entfremden
Was zur Liebe mich erklärend

Die Uhr schlägt blaue Stunden
Will Geliebte und zur gleichen
Winter werden, in Eiseskälte

Meine Zeit stirbt verschlungen
Ein Kieselbett zu glänzen noch
Im Schaum zerflossen letzte Züge

XLV

die seele von der straße holen
aber wie, vater, wie bitte soll
ich die seele einfangen und

wiedergeben in worten die mir
nicht sind, die ich nicht weiß
die ich mir nur geliehen als

dass ich bub gewesen bin und
heute selbst am tode nage
wie kein zweiter meiner tage

XLVI

einer ging in zerrissenen
hausschuhen
einer ging zu gott
einer ging mit brüllenden
windeln
einer ging hin in gedanken

einer ging auf lauten linien
fallend
einer ging zum abend
einer ging mit weinenden
wangen
einer ging durch mein gesicht

einer ging, dass sich
sein leben zerbrach
einer ging auf wunden
knochen
einer ging so hilflos
einer ging durch hochgestellte
wälder

einer ging durchs tiefste
loch
einer ging mit endstille
einer ging ohne kuss

einer ging über krumme straßen
einer ging betrunken

einer ging durchs verliebt sein mitten durch

und kam nie mehr zurück . . .

XLVII

Männlein verwoben, durchgeschnipst
Am Herzschlag vorbei
Ein im Blutfluss sich betrinken
Von den goldenen Weihen
Alltag säumend

Wo salzige Gebete
Wie Schatten überhängend sind
Im Nabel Wellen schlagen
Die Brandung stiftend
In Grautönen

Gischt aufschäumend, Bauch benetzt
Mit wenigen der Fetzen
Das Gestern, das Morgen
Das Hoffen, das Bangen
Das Reden, das Hören

XLVIII

keiner nimmt den streifen ab
den tiefen sommer in der stadt
den abdruck auf der pobacke
als dem alleinsein zu entfliehen

wo mit rauer zunge, lippen
kosend, orgasmus eingedeckt
gleich ein zug im bahnhof steckt
der nicht orgasmus ist und wird

als gähnend in die lande stiert
und umringt vom duft des fahlen
schweißes, hingebend in ecken

schwirrt, als gleich ein gleiches
der orgasmus kommt und geht
konversationen und gelegenheit

XLIX

von dem was ich tue, hab ich keine ahnung
hocke hier zusammengesackt und
schaffe mir ein stück kultur in dieser
kulturlosen zeit. reibe mir die augen aus

und frage nach dem sinn dahinter
nach dem salzigen gewässer unter meinen
planken, die einen anstrich verdienen
morsch, abgeranzt von den guten zeiten

jedoch werde ich mehr literat, als die
nächsten hundert menschen, die mir
entgegenkommen werden, mehr idiot
als die nächsten hundert menschen

L

Sei die Freundlichkeit in per se
Verschenke Stunden im Glas
Betrunken seiner Zeit, mit Schatten
Am Ende der Straße, der wie
Ein Uhrwerk präzise verläuft,

Dazwischen liegt mein Nutzlos
Heruntergekommener Stern
Einer von vielen am Firmament
Verliebt, verblutet, versagt
An dem was der Götterfunke

Elend ist im bleichen Reich
Versunken, als Schmiedekunst
Noch in den Schuhen steckt
Geköpft, verhärtet und daran
Gestorben wie Du, ich, Du

LI

vom balkon geschmissen
in die trauerstunden
neben glühbirnenpferdchen, die im
kreise pissen, von der hohlen
hand sonne fressen, sowie im
saum ihrer schatten werfend.
dort liegen krumm die glieder
verdreht das bein, zerknackt
die hand, dort liegen
zwischen mauerwand und
straßenlinien der leib
der gestern noch den
namen trug, zur arbeit ging
kinder hinterlässt und sich selbst
vom balkon geschmissen.

LII

es möchte bedeutsames werden
wenn die sonne aus der schale springt

azurblaue himmel jeden streifen
überschatten, vor einem hintergrund

der die disziplinierten um ihre schokolade
bringt, jeder kleinen fitzel bittet

um solidaritäten ad absurdum führt
gemeinsam ein erleben widerfahrend

gemeinsam ein auf ameisensaft tun
und lavendel schnüffeln, während einsam

sein, mit seinen leiden, die man so
trägt in klagen hinter mauern leise

strampelt dort einen zurecht, draußen
sonne aus der schale springend und

mir fallen die augen zu, in müdigkeit
vertragsarm und überlaufend, konturen

zermarternd noch im lilienduft, ein
ende wissend, eines von so vielen

LIII

es braucht zum ende
eine spurrille noch
ein leuchtspurgeschoß

mit vielen worten
ohne großen sinn
dahinter, wo es

auslutschend
nackig bleibt und
hässlich. vollidiotisch

als der versuch, mich
ins knie zu ficken, mit
geknickter aorta endet

zumindest bleiben
möglichkeiten zurück
zu beschreiben